INVENTAIRE
V 34617

AF401018

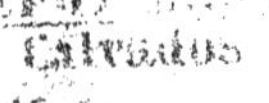

L'EXPOSITION UNIVERSELLE DE 1873

DE CAEN A VIENNE

LES EXPOSANTS NORMANDS

NOTES DE VOYAGE

par

E. CHESNEL

Prix : 1 fr. 50

CAEN

IMPRIMERIE E. LE BLANC-HARDEL, LIBRAIRE
RUE FROIDE, 2 ET 4

1873

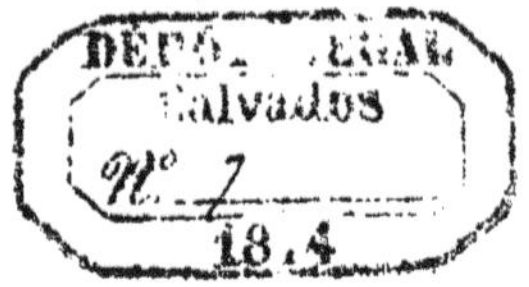

L'EXPOSITION UNIVERSELLE DE 1873

DE CAEN A VIENNE

LES EXPOSANTS NORMANDS

NOTES DE VOYAGE

par

E. CHESNEL

CAEN

IMPRIMERIE F. LE BLANC-HARDEL, LIBRAIRE

RUE FROIDE, 2 ET 4

1873

DE CAEN A VIENNE [1].

Je n'ai point l'intention d'entreprendre en quelques pages un résumé d'itinéraire ni de mettre M. Jouanne sur un lit de Procuste : ce serait de l'ingratitude, après tous les services que m'a rendus son excellent petit livre. Aussi, des merveilles naturelles, j'en parlerai peu ; des monuments, je n'en parlerai point.

Cet opuscule ne sera qu'une série de notes de voyages, disparates par le fond et décousues par la forme. C'est un calepin coulé en brochure : il y règne donc à peu près autant d'ordre que dans la malle où le touriste entasse chaque jour les bibelots achetés le long de la route ; ce n'est pas un récit, c'est un déballage.

Toutefois j'ajoute, comme circonstance atténuante, que je me suis surtout attaché à décrire les inventions pratiques ou les coutumes utiles qui se trou-

(1) La plupart de ces notes ont été reproduites dans le *Moniteur du Calvados* des mois de septembre et d'octobre.

vaient sur mon chemin. J'ai essayé de les expliquer avec impartialité et sans aucun amour-propre national.

· J'ai donc obéi à un désir de progrès, à peu près toutefois comme un hanneton attaché par la patte peut obéir à un désir de liberté. Cette velléité philanthropique compensera, espérons-le, l'absence de détails géographiques et de descriptions archéologiques.

Belfort, août 1873.

Que fait Paris en ce moment? Paris se baigne dans l'Océan; Paris pêche, chasse ou sommeille dans la Normandie ou dans la Beauce.

Par cette chaleur torride, il ne reste plus dans la grande cité, transformée en rôtissoire internationale, que les hôteliers, les journalistes et les cochers de fiacre. En revanche, l'étranger pullule; le boulevard est une longue Babel, où les peuples se coudoient, regardent et mangent...

De Paris à Belfort, la campagne est couverte de faneurs; les charrettes attelées de bœufs crient sur le gravier; le foin saute et s'étale aux rayons du soleil, tandis que le raisin noircit sur les innombrables vignes qui tapissent les coteaux,

C'est au milieu de ces scènes bucoliques que nous arrivons à Belfort ; Belfort, ville forte et forte ville, conservée à la France par un homme de génie, que cependant quelques chevaliers du porte-plume ne craignent pas d'appeler le mauvais génie de la France.

En ce moment, Belfort est toute au plaisir de sa libération et à la joie de revoir nos petits fantassins. Quel enthousiasme frénétique, nerveux et bruyant ! Ici des drapeaux ; là des guirlandes, et des banquets ! et des punchs !

Signe du temps : de nombreux cafés-chantants se sont établis en ville ; la foule qui les encombre jusqu'au milieu de la rue, souligne de ses applaudissements et de ses clameurs tous les refrains qui parlent des malheurs, des vertus ou des espérances de la patrie.

Cette explosion de joie locale a dans le fond quelque chose de pénible : on sent qu'elle n'est que le contre-coup d'une douleur longtemps contenue, et l'on se prend à contempler ces maisons éventrées ou incendiées, ces rues défoncées, cette église mutilée et rougie par le feu des obus ; on regarde plus loin cette citadelle fièrement campée où la tour fatidique de la Miotte, minée par la mitraille, vient de s'écrouler ; on pense que, plus loin encore, au-delà de ces montagnes, s'étend une riche contrée où le drapeau français ne flottera plus.

Braves gens de l'ouest et du midi, qui cultivez tranquillement vos champs et vos vignes, en maugréant contre la dureté des temps et les exigences du gouvernement, pensez souvent aux souffrances de vos frères de l'est, qui ont vu pendant plusieurs années l'étranger vainqueur cuver son triomphe sur les ruines de nos monuments et sur les gazons arrosés de sang français!

Mulhouse, août.

L'Allemagne affecte une douceur spéciale pour ses nouveaux enfants. Le percepteur prussien n'a-t-il pas même promis une réduction considérable d'impôts en 1878, *septante huit*, comme disent naïvement les bonnes gens. C'est de la consolation à longue échéance.

D'autre part, si on ne néglige aucun moyen de séduction, on n'oublie pas non plus aucun détail pour faire entrer le prussianisme dans les habitudes; tout est militarisé et prend des allures de corps-de-garde. Il n'y a que les trains de chemin de fer dont la ponctualité n'a rien de militaire.

L'uniforme est obligatoire pour les employés de toute espèce : l'aigle noir est peint, sculpté ou brodé partout. Nous le remarquons notamment sur les boîtes à lettres, et cela nous inspire par hasard une réflexion : il serait désirable qu'on appliquât cette mesure en France et qu'on décorât d'un emblème quelconque les boîtes à lettres appartenant à l'État,

Certains particuliers s'offrent le luxe de boîtes personnelles, qui ont tous les dehors et la couleur de leurs sœurs de l'administration des Postes. De là des erreurs, des ennuis et des retards. Nous préférerions même à ces boîtes armoriées le système belge : une colonne monumentale en fonte d'un modèle uniforme et gracieux ; cet obélisque administratif est percé d'une ouverture de taille moyenne pour les lettres ordinaires et d'un véritable gouffre pour les journaux et les brochures un peu replètes. Que de courses, de rhumes et de temps perdu on épargne ainsi aux habitants !

Mais voilà assez de réflexions sur ces matières officielles. On ne manquerait pas de nous accuser de faire de l'éclectisme international, et à une époque où tout le monde se flatte d'être à cheval sur ses convictions, il n'est pas bon de faire de l'éclectisme, même en matière de boîtes à lettres.

Bâle, août.

Nous voici en Suisse, pays de paix, de concorde et de travail. C'est la croix helvétique qui flotte sur les ambulances de toutes les nations. En effet, aucun pays, par son humanité et sa modération, n'était plus digne que la Suisse d'être le palladium de la souffrance dans toutes les armées de l'Europe.

On s'attache vite à la Suisse, comme en général à

tous les pays libres et libéraux. Demandez plutôt
l'opinion des voyageurs qui reviennent de Belgique
ou plus simplement de Jersey.

Nous ne parlerons ni des montagnes, ni des paysages, puisque nous nous interdisons le luxe des
descriptions. Tout prosaïquement, nous dirons un mot
des chemins de fer.

Ils sont célèbres dans toute l'Europe et se recom-
mandent par leur bon marché ; la France est, d'ailleurs, le seul pays où les tarifs soient exorbitants ;
aussi a-t-on avantage à se servir le plus possible des
lignes étrangères et à prendre ses billets au-delà de
la frontière. Ne croyez-vous point que, si on mettait
les tickets français à la portée des petites bourses,
l'augmentation du mouvement des voyageurs ne
compenserait pas, et au-delà, la réduction des prix ?

Les chemins de fer suisses nous distancent encore
par le confortable : les wagons sont de vastes voitures garnies de petits canapés ; au milieu, un large
couloir permet de circuler dans toute la longueur de
l'appartement ; entre les canapés sont placées de petites tables en bois verni ; à chaque bout du salon,
une porte donne sur une plate-forme qui communique
avec la plate-forme du wagon suivant. Ceci a un peu
l'air d'une mise en scène de vaudeville ; mais il n'y
a jamais trop de petits détails, quand c'est l'intérêt
du public qui est en scène.

Si l'on construisait un wagon qui réunirait l'éclai-
rage au gaz des lignes belges, le chauffage à grada-

tion des voitures autrichiennes, la rapidité des trains anglais, les journaux gratuits des compartiments hollandais, l'élasticité des banquettes allemandes, et la sécurité des lignes françaises, on aurait réalisé, croyons-nous, le chemin de fer idéal dans le meilleur des mondes possibles.

Chez nous, il est défendu de fumer dans les wagons, sauf dans quelques compartiments sacrifiés à ce défaut : il résulte de cette rigueur inapplicable que l'on fume partout. Dans les autres pays, il est permis de fumer dans les voitures, sauf dans quelques compartiments réservés aux pipophobes. Aussi les personnes qui ont horreur de la fumée du tabac sont-elles toujours sûres de trouver un asile où l'odeur même d'un cigare est inconnue. Voilà donc un bon argument contre les protectionnistes. Signalons discrètement à la fin de ce paragraphe l'existence dans les trains suisses de compartiments très-confortables, consacrés aux réalités inévitables de l'existence.

Nous remarquons à Bâle un système d'horloges électriques qui donne, dans toutes les rues et sur toutes les places, l'heure exacte du chemin de fer.

Ceci nous rappelle qu'un *Guide de l'étranger en France* signale aux touristes l'admirable installation dans la ville de Caen d'un télégraphe qui mettrait en rapport tous les postes de sapeurs-pompiers avec le dépôt central et la station des guetteurs d'incendie... Quel homme d'imagination que l'auteur de ce *Guide !*

Mais ses compliments ont tout l'à-propos d'une averse au milieu d'une partie de campagne.

Où Caen toutefois peut prendre sa revanche, c'est pour l'organisation de ses écoles primaires. Si les schulen suisses ont la palme pour une propreté et une ventilation exceptionnelles, les écoles publiques de Caen l'emportent certainement par la richesse du mobilier scolaire et la perfection des moyens d'éducation par les yeux. Que ce système d'enseignement soit venu de l'étranger, c'est possible ; mais du moins a-t-il été grandement perfectionné en France.

La renommée des écoles suisses résulte probablement de l'organisation des lois sur l'instruction primaire. Il n'y a pas de pays où l'on voie plus d'enfants fréquenter les écoles : à certaines heures, ils fourmillent sur les trottoirs ; et comme tous ces bambins sont propres, bien lavés, bien peignés, convenablement vêtus ! les petits garçons avec leurs courtes vestes et leurs bérets ; les petites filles, les bras nus et leurs longs cheveux flottant sur leurs épaules. On les voit passer par bandes joyeuses, le sac bouclé militairement sur le dos, l'ardoise à la main. Beaucoup de ces enfants regagneront le soir la gare, prendront leur ticket et s'installeront tous seuls dans le wagon qui les ramènera au sein de leur famille.

Des chemins de fer et des écoles, disait un célèbre publiciste de la Havane, parodiant un mot bien connu ;

des chemins de fer et des écoles, ce sont les deux mamelles du progrès !

Zurich, septembre.

En arrivant à la monumentale gare de Zurich, nous voyons déboucher une bande d'élèves sous la direction d'un magister. C'est une école tout entière qui prend le chemin de fer pour aller passer son jour de congé à Lucerne et y étudier un fait d'histoire, ou la botanique, ou une application industrielle. Ces promenades scolaires sont d'un usage général en Suisse ; j'ai même sous les yeux des prospectus dans lesquels les compagnies de chemins de fer ou de bateaux à vapeur proposent des réductions de prix considérables en faveur des écoles comptant plus de quinze élèves : bonne idée à introduire en France. Dans le Calvados, par exemple, ne pourrait-on pas conduire les élèves à Lisieux, visiter les manufactures de draps ; à Vire, les papeteries ; à Condé, les filatures ; à Littry, les mines de houille ; à May, les carrières de grès ; à Caumont, les ardoisières ; dans le Pays-d'Auge, les exploitations agricoles, etc. ? Certainement nos compagnies de chemin de fer ne refuseraient pas leur concours, ni les municipalités leurs subventions. Ces promenades seraient également la meilleure distraction pour ceux des élèves des lycées qui, par une raison quelconque, ne peuvent aller passer le temps des vacances dans leurs familles.

A Romanshorn, j'ai noté un excellent modèle de gymnase pour école rurale : il se compose d'une barre fixe, de deux barres parallèles, d'un poteau gradué pour sauter, d'une bascule pour se balancer, d'un chevalet recouvert en cuir et d'une collection d'altères. Les maîtres et maîtresses président à ces exercices du corps et ne dédaignent pas de se mêler aux jeux des enfants.....

La Suisse s'*haussmanise :* on perce de larges rues ; les palais soutenus par de magnifiques cariathides jaillissent du sol ; maçons et sculpteurs taillent et burinent ce magnifique granit bleuâtre, qui défie les attaques du temps.

Les échaffaudages affectent même des proportions grandioses. A vingt mètres au-dessus du niveau des passants, on établit sur des charpentes une voie ferrée ; sur ces rails aériens circulent les wagons chargés de matériaux ou surmontés de fortes grues qui se balancent dans les airs au milieu des hirondelles effarouchées.

Un usage local oblige le constructeur de toute maison à établir, trois mois avant de commencer ses travaux, une carcasse en bois reproduisant exactement les dimensions de l'habitation projetée. Cette espèce d'enquête *de incommodo* procure-t-elle des avantages bien sérieux en compensation des frais qu'elle nécessite ? Nous ne pouvons l'attribuer qu'à

une seule idée, la crainte des procès ; cette crainte,
d'ailleurs, est le commencement de la sagesse.

Olten, septembre.

Quel tempérament remarquable que celui de cette
nation ! C'est ici que tous les désœuvrés et les blasés
des Babylones modernes viennent promener leur
ennui et leurs gastrites, le *spleen* de leur esprit et de
leur estomac : eh bien, en dépit de cette invasion
démoralisatrice, aucun peuple n'est plus sobre, plus
sérieux, plus travailleur. Il faut voir dans les champs
les femmes en costume national (car il existe encore
des vestiges du costume national) ; il faut voir ces
robustes suissesses creuser péniblement le sol à petits
coups de houe, ou battre le blé à la grange, ou conduire au marché leurs voitures attelées de jeunes
génisses aux longues cornes grisâtres.

Puisque nous parlons agriculture, notons qu'un des
engrais les plus employés est (nous n'avons pas la
fausse pudeur des mots techniques), le purin de
fumier coupé d'eau. Dans chaque ferme, une vaste
citerne reçoit ces résidus fertilisants qu'on transporte
ensuite dans les pâturages au moyen de tonneaux
allongés placés sur des chariots. C'est étonnant
comme ces tonneaux rustiques ressemblent aux barils
normands brodés sur la tapisserie de Bayeux.

Schaffouse, septembre.

Schaffouse est une ville originale, un coin du moyen-âge oublié par la pioche des modernisateurs forcenés. C'est un enchevêtrement fort curieux de maisons sculptées, festonnées, découpées, peintes à fresque, enrichies d'encorbellements et de tourelles.

On ne peut imaginer une plus singulière nuance de fleuve que la couleur du Rhin à Schaffouse : ce n'est pas bleu-ciel, ni bleu-Méditerrannée , c'est une sorte de lapis-lazuli, de *cæruleus*, de je ne sais quoi d'intraduisible, d'invraisemblable, qui rappelle assez bien les enluminures bruyantes des imageries d'Épinal.

En descendant le long des bords de ce fleuve extraordinaire, pour gagner la chute du Rhin, je rencontre deux allemands passablement excentriques : vêtements de couleurs criardes, qui hurlent ensemble, un vrai mélange détonnant ; bijoux énormes et qui trahissent du simi-luxe et de l'élégance de pacotille. Détail caractéristique : ces enfants de la Germanie ont garni leurs boutonnières d'énormes cocardes blanches, cerises et noires, les couleurs de l'empire allemand : patriotisme de pitoyable goût, comme tout le reste.

Disons, pour être juste, que ce type extra-fantaisiste paraîtrait ridicule même à leurs compatriotes. Aussi je me demande si j'ai affaire à d'honnêtes gens un peu maniaques ou à des pic-pockets en villégiature.

— Vous allez à la chute du Rhin, me crient ces deux cocardiers d'un ton aimable ?

— Oui Messieurs, et vous ?

— Nous pareillement. Mais vous n'êtes pas allemand ?

— Non, je suis *un* français.

— Ah très-bien ! très-bien ! un français ; nous sommes très-heureux de vous rencontrer.

Et là-dessus, des poignées de main pleines d'effusion ; la cordialité redouble...

Si bien que, à l'embranchement le plus voisin, je leur fais mes adieux et je me sauve en tâtant ma montre et mon porte-monnaie. Tout est à sa place... Ce sont peut-être, après tout, de très-honnêtes gens.

J'arrive ainsi à la chute du Rhin, une des merveilles de l'Europe, un de ces spectacles qu'on ne saurait dépeindre. Aussi, n'aurai-je pas la petite hypocrisie de me retrancher derrière une exclusion systématique des descriptions pittoresques, pour justifier mon silence. Je le dis tout franchement : si je n'essaie pas de faire une peinture brillante de la chute du Rhin, c'est que je ne me sens pas le talent de la faire dignement...

Après avoir dit adieu à ces rochers, à cette cataracte, à Schaffouse, me voici installé sur un bateau qui remonte le fleuve jusqu'à Constance. Nous faisons route au milieu de coteaux ravissants ; çà et là, des châteaux en ruine, perchés comme des nids d'aigle dans le creux des montagnes. De loin en loin, sur la rive droite, un douanier badois, le casque en tête et la carabine sur l'épaule ; sur la rive gauche, un gabelou suisse, la pipe à la bouche et la canne à la main. Ce trait seul peint les deux nations.

Sur le bateau, des compatriotes, une famille entière, font grand bruit et s'ébattent sans réserve avec des rires aigus et d'interminables railleries ; ils ont cette allure dédaigneuse et fendante qu'affectent certains français en pays étranger ; à un moment, ils entonnent en chœur, avec des intonations burlesques, un refrain de *La Fille de Mme Angot*. Cette explosion de musique bouffonne produit chez les graves Allemands une stupéfaction assez risible, quoique bien justifiable.

Dix minutes après, au moment du débarquement, ces derniers reprennent leur revanche : mes compatriotes, qui ignoraient que Constance est une ville Badoise égarée en Suisse, passent tranquillement devant la douane. Les employés, indignés, s'élancent en glapissant des cris sauvages et en agitant les bras d'un air scandalisé. Je vois quelques Allemands sourire de la figure déconfite des pauvres passagers, qui essaient des justifications incomprises.

Ce sourire, railleur et discret, m'a considérablement vexé ; ces Allemands me paraissent pédants, et les douaniers me semblent hideux. Mais pourquoi diable, nous autres Français, ne savons-nous jamais notre géographie ni nos langues vivantes ! Il est vrai qu'on nous fait travailler ferme le vers latin et le thème grec : on n'a plus le temps d'apprendre les choses utiles !

A Constance, on trouve quelques vieilles maisons et de magnifiques points de vue. De la salle du fameux concile, il reste une grande bâtisse sans caractère, mi-pierres et mi-planches ; on vous y montre, moyennant quelques kreutzers, une vingtaine d'antiquailles, plus ou moins authentiques, et trois mannequins défraîchis : c'est le musée du concile !

Croyez-moi ; regardons plutôt ce lac immense, ces montagnes majestueuses et ces glaciers neigeux qui étincellent au-dessus des nuages : la nature nous réserve souvent des surprises, mais jamais de mystifications.

Lindau (Bavière), septembre.

Rien de nouveau sous le soleil ! On parlait beaucoup ces derniers temps, pour traverser la Manche, d'un système de wagons portés par des bateaux plats. Eh bien ! cette idée est depuis longtemps mise en pratique sur le lac de Constance : de longs convois de marchandises s'embarquent sur des esquifs et se font ainsi porter sur l'autre rive de ce petit océan. Des wagons amphibies, il ne manquait plus que cela !

La partie de la Bavière que nous parcourons est le tome second de la Suisse : des montagnes, des pins, des châlets, des lacs, des bestiaux ornés de petites clochettes et paissant dans de verts pâturages.

Signalons une nouveauté agricole : je veux parler de petits poteaux en bois, sur lesquels sont cloués des traverses. Ces échaffaudages servent à la fenaison ; on les coiffe de petits tas de foin, qui sèchent rapidement sur ces espèces de mannequins à végétaux. Quant à apprécier les avantages de ce procédé, ceci n'est plus de ma compétence.

Munich, septembre.

Une grande ville plate, alignée et monotone comme un discours académique; une collection de pastiches fort réussis des architectures les plus diverses ; bref, une splendeur incontestable, mais la splendeur officielle d'un fonctionnaire en uniforme. Munich a le défaut des choses qui ont grandi trop vite et par des moyens fáctices ; ces choses manquent de vie : Munich manque d'animation.

. La plus grande distraction de cette capitale consiste dans ses nombreuses brasseries, où l'on boit d'excellente bière de Bavière, en entendant de bonne musique. On sait que la musique instrumentale est une institution nationale chez les Allemands; ils s'y adonnent dès le berceau, et on rencontre partout de petits enfants armés de cornets à pistons ou charriant d'énormes saxhorns.

Comme j'ai promis de dire toute la vérité, je dois déclarer que partout les Allemands montrent une politesse irréprochable à l'égard des Français. Voici la seconde année que je voyage en Allemagne, et j'ai toujours trouvé les habitants hospitaliers, affables et complaisants. Beaucoup même m'ont parlé de la guerre et de leurs victoires, avec un sang-froid et une impartialité irréprochables.

Cet éloge ne s'applique pas aux journaux allemands.

Berschtesgaden (Tyrol), septembre.

Quelqu'un a dit que la Bavière était la Bretagne allemande : le mot peut être forcé, mais l'idée est facile à justifier ; car aucune contrée germanique n'a gardé plus que la Bavière ses traditions religieuses et ses coutumes patriarcales. Partout des chapelles, des croix, des *ex-voto*, des images pieuses bizarrement enluminées et abritées par de petits toits en bois. C'est aussi le pays qui a le mieux conservé son costume et son cachet national (nous parlons surtout de cette partie de la Bavière qui mord dans le Tyrol autrichien). Les femmes ont des chapeaux tyroliens, ornés de glands dorés et de fleurs des Alpes; leur cou est entouré d'un collier de corail, fermé par une large boucle en vermeil; elles portent des corsages lacés et fort bas; les hommes sont en culotte courte, avec de gros bas de laine qui laissent le genou à nu; leur gilet est chargé de collections de boutons ; ils ont une veste grise à parements verts et les pipes que vous savez. Dans les pays de plaine, un foulard de soie noire, noué autour de la tête et flottant sur les épaules, remplace pour les femmes le chapeau tyrolien.

Ce petit coin du monde est un véritable éden ; aussi tous les souverains allemands y ont-ils un pied-à-terre. On trouve groupés dans une étendue fort restreinte le Kœnigsee, l'Alter-See et tous les plus beaux lacs de l'Allemagne ; le Watzmann (2,677^m), le Schafberg (1,776^m), et autres montagnes rivales de la Suisse ; les stations balnéaires d'Ischl, de Reichenhall ; les mines de sel de Berschtesgaden, de Hallein, etc.

Rien de plus curieux qu'une visite dans ces salines. On commence par vous affubler d'un costume parfaitement grotesque : un pantalon immense de toile noire, une veste pareille et un large chapeau de mineur pour les hommes ; un pantalon blanc, une blouse noire et un béret pour les dames. Sous cet accoutrement, le conseiller d'État ou le ministre le plus célèbre rappellent étonnamment un vulgaire ramoneur couvert de suie. Ce n'est pas tout, on vous noue au bas des reins un tablier en cuir ; vous avez à la main gauche une lanterne et à la main droite un gantelet de cuir, dont nous allons voir l'utilité.

On pénètre dans de longues galeries ; on gravit d'interminables escaliers (1,821 pieds bavarois au-dessus du niveau de la mer) ; puis on arrive à un grand trou oblique, dans lequel on vous invite à descendre ; la voie de locomotion se compose de cylindres de sapin polis et luisants, sur lesquels on se laisse glisser à demi-couché, en tenant de la main droite une corde graisseuse tendue parallèlement au cylindre, et qu'il ne faut ni trop lâcher ni trop serrer ; de là l'utilité du tablier et du gant de cuir. Le mouvement est d'abord assez modéré ; puis il devient tellement rapide qu'on éprouve bientôt une cuisson dans l'intérieur de la main et sous le tablier de cuir. Heureux encore quand le voyageur suivant, trop lancé, ne vient pas vous donner brusquement un coup de tampon qui vous fait descendre avec lui dans un enchevêtrement bizarre. Le tout se termine par un choc assez rude et vous vous retrouvez debout sain et sauf, et de plus d'une gaieté charmante. Les cylindres sur lesquels on se livre à ce genre de patinage sur le dos s'appellent *rolle ;* quelques *rolles* ont 150 et 160 mètres de longueur.

Après avoir pratiqué trois ou quatre fois cette petite gymnastique, on arrive au *Lac-Salé,* véritable Achéron noir et silencieux ; il est éclairé par 400 lampions ; au moment où vous arrivez en bateau au milieu du lac, des jets d'eau illuminés jaillissent de toutes parts. Vous voyez qu'on soigne la mise en scène ; et, au milieu de ces ténèbres infernales, on cherche toujours le régisseur et le machiniste en chef qui font mouvoir les trucs.

Les eaux de ce grand lac sont produites par le

suintement de roches salées ; on les conduit par des tuyaux à des bâtiments d'évaporation où elles tombent sur des fagots et perdent par infiltration un sixième de leurs parties inutiles. De là, elles se rendent dans les chaudières d'ébullition, où elles sont soumises à une chaleur intense et se cristallisent en sel pur. On voit que le sel ne s'extrait pas directement de la terre comme le macadam ; il s'obtient toujours par réduction d'eaux imprégnées de particules salines provenant de roches de muriate de soude.

Après le Lac-Salé, on rencontre des salles nombreuses et fort brillamment illuminées ; puis on arrive au *Cabinet des Minéraux*, salle voûtée, où sont disposés des échantillons de tous les cristaux et minéraux trouvés dans la mine ; ces cristaux sont généralement rouges, bleus ou blanc-jaunes, par l'effet de la présence d'oxydes de fer. Ils sont taillés en lamelles transparentes, éclairées par derrière d'une façon féerique... Toujours le régisseur invisible dont nous avons déjà parlé.

Pour sortir de la mine, on vous place sur de petits bancs étroits, montés sur des wagons ; ces véhicules sont posés sur deux rails et roulent par le seul effet de l'inclinaison du sol. Vous êtes priés de ne point bouger, pour ne pas vous exposer à laisser un bras ou une jambe accrochés aux saillies de la voûte ; puis vous descendez avec une vitesse vertigineuse, jusqu'à perdre haleine. Bientôt l'on entrevoit au loin une petite étoile qui grandit rapidement avec un éclat

éblouissant : c'est la lumière du jour ; vous vous retrouvez en plein air, à cheval sur un banc de bois,
affublé d'un costume impossible et étourdi comme un
oiseau de nuit qui clignotte des paupières devant un
rayon de soleil !!...

Les salines de cette contrée sont fort riches ; la
seule exploitation de Reichenhall produit 300,000
quintaux de sel par an. L'évaporation nécessite une
dépense de combustible qui dépeuplerait rapidement
les forêts du voisinage. On établit donc des machines
d'élévation qui envoient tous les jours 10,000 pieds
cubes d'eau salée jusqu'à des localités situées à dix
ou vingt lieues à la ronde.

Salzbourg, septembre.

J'ai fait connaissance, en déjeunant, à Berchtes-
gaden, d'un brave Anglais fort prévenant, qui se
dirigeait vers Salzbourg. Quelques heures après son
départ, je grimpe à mon tour dans une carcasse de
diligence jaune, qui grince en se traînant avec une
désolante lenteur. En face de moi, est installé un
gros Monsieur gourmé et laconique ; ce ne peut être
qu'un fils d'Albion : décidément, c'est la journée des
Anglais.

Il engage la conversation :

— Beau pays.

— Oh yes, très-beau ! Majestueuses montagnes.

— Oh yes, très-majestueuses! Grands lacs.

— Oh yes, lacs immenses! Belles résidences.

— Oh yes, very! etc., etc.

Au bout de vingt-cinq minutes de cet exercice, je suis au bout de mon vocabulaire et je fais semblant de m'endormir. Mon compagnon garde un silence discret.

Nous voici enfin à Salzbourg ; la première personne que je rencontre dans la cour des Messageries est mon Anglais du déjeuner, le n° 1 de la journée.

— Vous voilà, me crie-t-il! Ah dites! vous avez trouvé un compatriote.

— Comment, Monsieur, dis-je en me tournant vers mon compagnon de route, vous êtes donc français!

— Mais certainement, Monsieur : vous n'êtes donc pas anglais ?

— Moi, mais jamais, et vous... pas possible !

En duo :

— Ah si j'avais bien su!... moi qui m'exténuais depuis deux heures à vous réciter le manuel de Sadler, pour trouver quelque chose à vous dire.

Dialogue :

— Comment se fait-il, Monsieur, que vous vous trouviez égaré dans ce ravissant pays ?

— Mais, Monsieur, c'est tout simple, etc., etc...

Et la conversation s'engage avec tant d'effusion compatriotique, que nous manquons d'oublier notre ami commun, l'excellent anglais, qui s'étouffe de rire devant cette reconnaissance bizarre...

Nous visitons ensemble Salzbourg, la plus aimable des villes de cette contrée, et qui réunit une partie des attraits de Naples, d'Édimbourg et de la Suisse. Monuments, forteresse, montagnes, couvents, musées, nous parcourons tout, sans oublier le tunnel gigantesque creusé dans le roc ; je remarque au-dessus de l'entrée de cet ouvrage étonnant une inscription dédiée par la reconnaissance des habitants de Salzbourg à l'archevêque qui fit percer la montagne ; elle est conçue en ces termes : *Te saxa loquuntur* ; et ces mots me rappellent notre illustre et regretté antiquaire, M. de Caumont, à qui cette devise a été tant de fois appliquée.

Linz, septembre.

Me voici de nouveau seul ; mes deux compagnons sont restés en route, l'un retardé par la goutte et l'autre arrêté par une indigestion. Je suis installé sur le steamer qui remonte le Danube à travers un brouillard opiniâtre.

Sur les cabines du bateau, s'étalent de magnifiques affiches multicolores : l'une vante telle montagne ; l'autre tel lac ; la troisième telle ville de bains. Ce ne sont que prospectus d'excursions, de voyages circulaires, de trains de plaisir, etc. Cette fièvre de réclame a définitivement gagné une grande partie de l'Europe. Après avoir inventé la nature, comme on l'a dit tant de fois, les modernes cherchent à en faire un objet de spéculation. Pourquoi, en France, n'essayons-nous donc pas de faire valoir les richesses artistiques et pittoresques de notre pays ?

Figurons-nous, en effet, que la Normandie fût placée en Angleterre, en Suisse, en Hollande, quel admirable parti la réclame ne saurait-elle pas tirer de ses monuments, de ses beaux paysages, de ses magnifiques côtes !

Mais, en France, on ne pense pas beaucoup aux étrangers. On se donne peu de peine pour leur indiquer les routes ou leur signaler les musées et les monuments. Les nations voisines, au contraire, prodiguent les écriteaux, les poteaux, les pancartes, les avis, les notices, les doigts indicateurs, les flèches directrices, etc. Grâce à cette attention délicate, les touristes peuvent le plus souvent se passer de guides et de ciceroni.

Reprenons notre comparaison et supposons un instant Caen en Angleterre : ce n'est pas plus difficile que d'imaginer Paris en Amérique. Vous êtes touriste et vous débarquez à la gare : immédiatement, vous vous voyez assiégé par une nuée de ciceroni. « Monsieur veut visiter l'église St-Pierre ? — Un guide pour la tour des Gendarmes ? — Monsieur veut-il que je le conduise à la splendide abbaye de la Trinité ? — C'est moi, Monsieur, qui ai fait visiter aux têtes couronnées l'église St-Étienne. — Je suis guide patenté... — Je suis membre correspondant de plusieurs Sociétés archéologiques, etc., etc. »

Vous vous tirez des mains de ces savants à l'heure ou à la course, avec autant d'empressement qu'un musicien en déploie pour fuir un orgue de barbarie. Vous trouvez des omnibus peinturlurés, dorés et rutilants ; des domestiques galonnés essaient des exordes insinuants, pour vous pousser dans ces véhicules qui appartiennent aux principaux hôtels de la ville. Vous 'donnez, si vous voulez, votre ticket de bagages à l'un de ces officieux ; vous vous installez et n'avez plus à vous occuper de rien.

Si vous préférez, voici les élégants et confortables wagons des tramways, qui rayonnent dans toute la ville et vous transporteront sur les plages du littoral. Ici des voitures de chasse, attelées de quatre pur sang. Ce luxueux équipage porte une pancarte de ce genre :

Fameuse excursion !
LA ROMANTIQUE VALLÉE DE LA BRÈCHE-AU-DIABLE.
TOMBEAU DE MARIE-JOLY
Lunch. Pic-Nic. Ecrevisses du pays,
Prix : *5 schellings.*

Partout des affiches immenses avec des inscriptions et des bariolures d'un style très-chaud :

Ville de Cabourg,
COLOSSAL CONCERT,
Par les premiers artistes d'Europe,

ou bien :

Arromanches-les-Bains,
TROUPE GIGANTESQUE AMÉRICAINE
Le nec plus ultra de la force !

ou encore :

Villers-sur-Mer,
SPLENDIDE REDOUTE
Orchestre de l'illustre P. Saxophon.

Puis , on vous glisse dans la main et jusque dans vos poches , des prospectus enrichis de délicates vignettes ; ceci, c'est de la réclame portative :

Cie des incomparables voitures d'excursions (limited)
La tournée des trois magnifiques
CHATEAUX GOTHIQUES ! !
LASSON ! !
CREULLY ! ! (lunch)
FONTAINE-HENRY ! ! !
RETOUR PAR L'ANCIENNE ÉGLISE DE THAON.
[(Pic-nic dans les ruines de cet édifice).

Autre modèle du même genre :

Par privilége de LL. AA. RR. et II.
Élixir incomparable
FABRIQUÉ A L'ABBAYE D'ARDENNES
d'après les recettes des anciens moines.

Nota. — Visiter les caveaux du monastère.

Terminons par celui-ci :

CHAMP DE BATAILLE DU VAL-DES-DUNES.
Musée d'objets antiques trouvés dans cette plaine historique.
Débris d'armures et monnaies à vendre.

Un Monsieur fort affairé prend place à côté de vous et vous annonce qu'il va organiser de grandes promenades souterraines dans les cavernes d'Allemagne.

— Croyez-vous, Monsieur, que ces carrières offrent assez d'intérêt pour attirer les visiteurs ?

— Je n'en sais rien, vous répond-il ; je ne les ai jamais vues. Mais je compte sur l'effet d'un costume spécial que j'ai imaginé et que les touristes devront revêtir, avant de pénétrer dans ces carrières.

— Vous pensez ?...

— C'est nouveau et excentrique. Tout le monde voudra se voir dans cet accoutrement bizarre. Avec quelques feux de bengale dans les souterrains et un photographe à la porte, ce sera un succès inouï !...

. . . .

Mais à force de rêvasser sur mon bateau, j'ai l'air d'une somnambule extra-lucide qui raconte ses visions.

J'ai pour excuse que je suis très-endormi. — Oui ; mais ce n'est pas une raison pour être endormant.

Je cesse donc de griffonner ces songes creux, avec l'espoir d'avoir facilité au lecteur un doux sommeil.

Je vais me relire... pour essayer sur moi-même l'effet du soporifique.

Vienne, septembre.

Je suis fier aujourd'hui, comme si j'avais exécuté les douze travaux d'Hercule. Jugez en effet : je suis locataire à Vienne!!

J'ai trouvé chez un honorable commerçant de la Josefstadt, une fort jolie chambre, très-propre et à un prix fort modéré. J'ai pour colocataires un Américain, deux Allemands et un gros rat blanc, dont la cervelle pointue ne loge qu'une idée fixe, celle de se couler dans ma valise, chaque fois que j'ai l'imprudence de l'entr'ouvrir.

Mon mobilier ne mérite pas de description spéciale, sauf toutefois *mon* lit. Il comprend une couchette en bois trop courte, un matelas trop étroit, couvert d'une serviette en guise de drap ; l'oreiller est agrémenté de rubans et de nœuds ponceau ; la couverture se compose d'un couvre-pied piqué, sur lequel se replie et se boutonne le drap de dessus. Ce système a l'avantage de laisser entrer l'air frais par les quatre points cardinaux du lit : au bout de cinq minutes, draps et couvertures ont disparu et vous vous trouvez sur le matelas. Le seul remède à cet inconvénient est de se rouler obliquement dans sa couverture, à la manière des soldats en campagne.

Les lits allemands ont d'autres vicissitudes : vous êtes couvert d'un drap sans surtout et chargé d'un édredon immense. Avec l'édredon, vous roussissez ; sans l'édredon, vous grelottez. Terrible dilemme ! Après de sérieuses études, voici le procédé auquel je me suis arrêté, *s. g. d. g.* : vous roulez l'édredon et l'appuyez contre le mur ; puis vous vous couchez en appliquant contre ce moelleux calorifère votre dos, la partie la plus frileuse de votre individu. C'est à peu près la position d'un poulet devant le feu, lorsque la cuisinière négligente a oublié de remonter le tourne-broche. Du reste, si vous vous sentez assez rissolé sur un côté, vous vous retournerez sur l'autre ; en d'autres termes, vous remontez le tournebroche.

J'ai devant ma porte une ligne de tramways : toutes les deux minutes, il passe un wagon ; pour 10 kreutzers (25 centimes), je me fais rouler dans toute la ville ou jusqu'au Prater. Vienne est la huitième ville où je rencontre des tramways, et partout cette entreprise a eu un succès immense. Dire que la France est le seul pays d'Europe où ce genre de locomotion soit inconnu ! Dire que Paris est réduit, sous ce rapport, à ce véhicule hybride qu'on appelle pompeusement le chemin de fer américain !

La capitale autrichienne est composée de villes concentriques. A l'intérieur, la cité aristocratique, les palais et les monuments, les grands hôtels armoriés bordant des petites rues étroites et sombres ; autour de ce noble quartier, le Ring, ceinture de

bouleyards, la ceinture dorée du proverbe ; enfin ,
autour du Ring , des faubourgs modernes , vastes et
aérés.

Le Ring supporte honorablement la comparaison
avec ses confrères les boulevards de Paris. De chaque
côté , des palais de toutes les architectures possibles ,
des magasins étincelants ; une foule énorme dans les
cafés et sur l'asphalte : deux ou trois rangées de can-
délabres le long des trottoirs ; enfin, sur la chaussée,
les équipages, les cavaliers , les voitures de place ,
les omnibus , les tramways , etc.

Vienne est tout à fait une ville de luxe et de
plaisirs ; les habitants ont des goûts raffinés et quelque peu sensualistes. C'est la seule cité allemande
où les femmes sachent s'habiller avec élégance et
porter gracieusement les modes parisiennes. Du
reste, c'est une population tout aimable, pleine d'une
prévenance sympathique et d'une courtoisie de bon
ton pour les étrangers.

Dès le matin, les cafés sont envahis ; on savoure
de l'excellente bière de Pilsner, de Dreher, de
Fanta, etc.; des glaces, même de l'eau claire , dont
les Viennois font une consommation considérable. Le
soir, une grande partie des habitants se réfugie dans
d'immenses jardins éclairés à giorno et qui renferment : deux ou trois salles de concert, des salles
de bal, un théâtre, des restaurants , des cafés, des
jeux de toute espèce , et au moins trois orchestres. A
dix heures, tout est fini ; il faut se défaire ici de ses

habitudes de noctambulisme parisien. Si vous rentrez
à votre hôtel, après ce terme fatal, votre concierge
vous ouvre en grommelant et vous êtes mis à l'amende
de 10 kreutzer. Pourvu que l'idée de cet impôt do-
mestique n'aille point faire fortune chez nos pipelets
français !

Signalons rapidement certaines particularités lo-
cales :

De gros portiers, armoriés et poudrés, bardés d'or
et d'argent, sur le seuil des demeures nobiliaires.

Des bonnes d'enfant hongroises, reconnaissables à
leurs jupons courts, leurs coiffures et leurs petites
bottes relevées en pointe.

D'autres femmes hongroises qui font l'office de
maçons et grimpent bravement aux échelles, le bac
de mortier sur la tête.

Des bergers hongrois, fièrement drapés dans leurs
longs manteaux bruns et le large chapeau sur la tête.

D'autres industriels non moins hongrois, avec des
costumes étourdissants et leur fidèle hache à la main.

N'oublions pas les sergents de ville d'une tournure
si élégante qu'ils touchent à la poésie : des sergents
de ville poétiques, a-t-on jamais vu cela ! Ils ont
tous l'air de ténors en grande tenue, et affectent
des façons fort distinguées, surtout ceux qui sont à
cheval.

Et dans le quartier Hébreu, des vieux grands
Juifs, longs et graisseux comme des chandelles de
résine, avec d'interminables redingotes, qui sentent

fort l'*usure* (qu'on nous pardonne ce jeu de mots : c'est un pur accident).

Nous avons réservé pour la fin les petites voitures traînées par de gros chiens. Quels services ces excellents animaux ne rendraient-ils pas aux maraîchers et aux laitiers de nos campagnes! Il faudrait, il me semble : 1° qu'on cherche à propager en France cette forte race de molosses que l'on voit, notamment à Bruxelles, traîner de si jolies petites voitures ; 2° que la législation française ne s'opposât point à ce mode d'attelage ; ce 2° pourrait plutôt être un 1°.

Pourvu que la Société protectrice des animaux n'accuse pas cette motion d'être inconstitutionnelle !

Prague, septembre.

Un mot seulement sur Prague et nous revenons à Vienne.

Voici la Grosse Ring : c'est là que les habitants avaient l'habitude de jeter par la fenêtre les députés qui avaient perdu leur confiance. C'était une singulière façon de traiter le gouvernement parlementaire, d'autant plus qu'on avait la précaution de placer sous les fenêtres des gens armés de piques et de broches pour recevoir les susdits députés.

Une des plus grandes curiosités de Prague, c'est le quartier des Juifs : des rues obscures, où circulent des multitudes de grands Israélites et où l'air seul

ne circule pas ; des synagogues aussi antiques que
noires ; des types de figure et des racommodages de
costumes à faire pâlir Callot ; le tout enveloppé d'une
atmosphère de malpropreté et de cupidité tout à fait
caractéristiques.

Ajoutons que cette population est remarquable-
ment opiniâtre et intelligente. Une nation qui ,
malgré son émiettement sur tout le globe et des
persécutions trop fréquentes , a su ainsi conserver
inflexiblement ses traditions religieuses et son
esprit national, n'est certes point un peuple ordinaire.

Dans un autre coin de Prague est placé le Stift
Strahow , monastère de Prémontrés , qui possède
une succursale à Mondaye , près de Bayeux. C'est
à Prague qu'est enterré saint Norbert , le fon-
dateur de l'Ordre. L'abbaye est fort riche : on y
remarque entre autres merveilles des châsses cu-
rieuses enrichies de pierreries ; une galerie contenant
500 tableaux de maîtres ; une bibliothèque renfermant 50,000 volumes, etc. Du reste, les monastères
en Autriche sont d'une opulence incroyable. L'un
d'entre eux , l'abbaye de Melk sur le Danube ,
contient des caves où l'on se promène en voiture ,
et qui ont fourni à l'armée française , sous le
premier Empire, 60,000 pintes de vin pendant quatre
jours « ce qui ne diminua pas sensiblement la pro-
vision du couvent. »

Me revoici à Vienne, après avoir pris un peu le chemin des écoliers, et j'ai commencé à arpenter ce petit univers qu'on appelle l'Exposition, *Weltaustellung !*

La première question qui viendra sur les lèvres de tout Français, à propos de l'Exposition, sera inévitatablement celle-ci : est-ce plus beau que l'Exposition universelle de Paris ? Voilà une interrogation bien complexe, et, dût-on nous accuser d'exporter à l'étranger les habitudes normandes, nous répondrons à la fois : oui et non.

Comme dimensions, l'Exposition de Vienne est plus vaste que celle de Paris, sans être cependant cinq fois plus grande, comme on l'a dit. Il faudrait, pour atteindre ce chiffre, compter la partie du Prater, non comprise dans l'enceinte payante ; c'est là que sont installés les cirques, les femmes colosses, la célèbre femme à deux têtes, les rotondes dorées contenant de superbes manéges de chevaux de bronze, les élégants pavillons renfermant des frégates pontées et gréées, auxquelles un ingénieux mécanisme imprime un agréable roulis, ce qui procure aux amateurs les savoureuses émotions du mal de mer ; enfin, les cafés-chantants, où l'on musicaille en bockant, les concerts, les restaurants, etc., toutes distractions chères aux

Viennois, mais qui n'ont aucun rapport avec l'Exposition.

On a dit beaucoup de bien du palais de l'Industrie, et on n'en saurait trop dire. La disposition circulaire adoptée à Paris était fort commode et très-méthodique ; mais elle avait un grave défaut : celui de manquer de perspective et de ne présenter à l'œil que des lignes courbes. Qu'on se figure, par exemple, la magnifique galerie des machines de 1867, redressée et allongée en une immense salle : quel coup-d'œil imposant et magique ! Voilà ce qu'on a obtenu à Vienne en respectant les priviléges de la ligne droite. Lorsqu'on est sous la rotonde, espèce de firmament artificiel, l'œil charmé s'enfonce et se perd dans d'interminables galeries ornées de draperies, de tentures, d'oriflammes, et garnies des plus riches produits du monde entier. Auprès de ce spectacle, les contes des *Mille et une Nuits* paraissent de timides berquinades, et les palais des fées, de véritables taupinières.

Au milieu de la rotonde, se dresse une fort belle fontaine fondue par Durenne : délicate amabilité envers la France ! Tout autour de cette pièce capitale sont rangées des pyramides ou des kiosques contenant le *nec plus ultra* des exhibitions de chaque pays. Cette salle ronde est donc (qu'on nous passe le mot) le Salon Carré de l'Exposition. Sous les colonnes en amphithéâtre est installée une circonférence de buffets, de buvettes, de *restaurations*, où l'on grignotte et l'on savoure des friandises délicates. N'oublions pas que nous sommes à Vienne.

Un ascenseur hisse les visiteurs sur la coupole de la rotonde et du haut des galeries, l'on jouit d'une magnifique vue sur l'Exposition, sur toute la ville de Vienne et sur la plaine jusqu'aux montagnes.

Pendant que nous sommes occupés à donner des bons points au Palais de l'Industrie, ajoutons qu'on a eu la bonne inspiration de ne pas employer exclusivement à sa construction la fonte et le verre. Le palais établi à Paris avait un peu la physionomie industrielle d'une gare de chemin de fer. Ici, sauf la toiture, tout est en pierre ou en *simili-marbre*, orné de magnifiques bas-reliefs, de colonnades et de statues colossales. — Un point, à la ligne et j'arrête la section des éloges.

Le parc français était réellement magnifique : on avait bouleversé, mouvementé le Champ-de-Mars avec un goût exquis ; on y avait improvisé des montagnes, des cascades et des lacs. A Vienne, on a fait une grande machine plate avec des allées sablées, bordées de réverbères grêles et d'arbres malingres. La comparaison est ici tout en faveur de notre amour-propre national.

Après avoir donc établi aussi équitablement que possible la balance de mes impressions générales, j'entre plus spécialement dans l'examen des produits accumulés à Vienne. La France a l'avantage, c'est incontestable ; mais cela ne veut pas dire que nous ayons la supériorité dans tous les genres , comme nous l'ont chanté sur tous les tons certains courtisans patriotiques plus ou moins renseignés. Si la France n'est pas en retard , quelques nations ont fait des progrès considérables. Les fleurs artificielles, l'ameublement, les tentures, les instruments de musique, les voitures se font maintenant à Vienne presque avec la même perfection qu'à Paris. Pour les machines et les produits agricoles, nous n'avons pas le premier rang, ni même le second. Mais nos soieries, notre bijouterie , nos dentelles, nos vins , nos draps laissent loin derrière eux toutes les imitations étrangères.

Notre exhibition artistique est hors ligne : cela est très-vrai. Mais cela n'empêche pas qu'en Belgique et en Allemagne, il ne se forme des écoles où l'on travaille très-sérieusement et où surgissent des noms nouveaux. Rappelons-nous seulement l'exposition des beaux-arts de Bruxelles en 1872, et le musée des artistes vivants à Munich.

Que la France porte donc fièrement ses lauriers ; mais ce n'est pas une raison pour lui brûler obstinément sous le nez des cassolettes de parfums affadissants.

En terminant ce premier aperçu, je me permettrai d'exprimer un regret. L'Exposition française gagnerait beaucoup, s'il y avait plus de Français à en faire les honneurs. Dans les sections des autres pays, on trouve à chaque pas des ciceroni empressés, des marchands de photographies et de catalogues, des petits bazars, des buvettes, etc.; dans l'exhibition française, les commissaires et les représentants sont le plus souvent Allemands ou Italiens ; même observation, pour les jeunes personnes, aux chevelures effarouchées, qui ornent de leur présence gracieuse les étalages de catalogues et de photographies; elles parlent généralement plusieurs langues, sauf le français. Ainsi, dans la section des Beaux-Arts, je questionne un surveillant, qui me répond en allemand de m'adresser à une jeune marchande, laquelle me réplique en italien qu'il n'existe pas de catalogue spécial rédigé en français. Y a-t-il donc si loin de Paris à Vienne pour que nous hésitions tellement à venir un peu nous chauffer aux rayons de notre gloire nationale ?

Après une phrase aussi brillante, il ne reste plus qu'à déposer la plume et à reprendre des forces pour une autre fois.

Exposition universelle, II.

Pendant que la France se livrait tout tranquillement à ses petites tracasseries politiques, la Commission de l'Exposition universelle était à son occasion livrée à de terribles perplexités. On avait prodigué à pleines mains les armes de chaque nation sur les frontons des portiques, les drapeaux, les tentures, etc.

Mais quelles armoiries adopter pour la France? A la fin, on s'est décidé pour un écusson *d'azur avec une large barre d'argent et une étoile du même en tête.* Pour éviter tout malentendu, on a écrit sur la face, en gros caractères : *France.* Voilà un écusson qui n'est peut-être pas très-héraldique, mais à coup sûr il n'est pas compromettant.

Après ce coup-d'œil extérieur, nous pénétrons dans la section des machines; nous rencontrons tout d'abord un nom normand, celui de MM. Tulpin frères, de Rouen, qui ont obtenu un diplôme d'honneur; leur exposition est très-remarquable, surtout les appareils à apprêter, à étendre et à sécher le foulard.

Ne quittons pas la galerie des machines sans signaler les produits hors ligne de l'usine de M. Schneider, au Creuzot; ceux de la maison Fives-Lille (notamment une petite locomotive pour chemin de fer d'intérêt local, à la fois légère, solide et économique); enfin les fameuses presses typographiques Marinoni, avec lesquelles notre confrère, *la Liberté,* obtient des tirages invraisemblables.

Les fonderies du val d'Osne ont envoyé de magnifiques morceaux où la partie artistique est traitée avec autant de soin que le côté industriel : ce sont des animaux énormes, des statues colossales, tout cela puissant, vigoureux et construit pour durer des siècles.

La Normandie a eu de grands succès dans la galerie

des chamoiseries et des cuirs. M. A. Boissière, de Honfleur, présente de gros cuirs pour la marine, d'une épaisseur et d'une force remarquables, notamment les cuirs pour clapets de pompes. — MM. Couillard et Vitet, de Pont-Audemer, MM. Mauduit, de Rouen, MM. Domer frères, également de Rouen, exposent de forts jolis cuirs et basanes souples, légères, de teintes vives et bien nuancées.

Il est bien entendu que presque tous les exposants dont nous parlons ont obtenu des médailles ; nous ne les signalons pas pour éviter la monotonie ; en outre l'explication des titres honorifiques ajoutés par le jury demanderait un véritable travail d'initiation aussi long qu'inutile.

Dans la draperie, Elbeuf et Lisieux ont remporté la palme. La maison Lecarpentier, de Lisieux, a fourni pour pantalons d'hiver des étoffes épaisses et des draperies garance. Une autre fabrique de la même ville, celle de M. Grison, a exposé aussi des étoffes pour pantalons, des draps imprimés et de fort beaux échantillons de draperies bleues.

Ce sont encore des pantalons qu'a envoyés la maison Damret et Odiot, de Louviers ; — puis vient le grand rayon des draperies de la Chambre de commerce d'Elbeuf, collection hors ligne qui occupe plus de la moitié de la section.

Des draperies nous passons au tissage, et nous rencontrons le nom de M. Halbout, de Flers, pour ses tissus mécaniques et à la main. Une mention

tóute spéciale à ses élégants coutils rayés pour stores.
Les tissus élastiques sont représentés par les maisons Clovis et Rallu, de la Ferté-Macé (ceintures,
bandes, etc.), et la maison Fromage, de Rouen :
collection de fort jolies jarretières, avec des nœuds
les plus galants du monde, comme on disait dans le
grand siècle.

Puisque nous parlons habillement, mentionnons la
vitrine des chapeaux de M. Fournier, d'Yvetot :
surtout deux chapeaux d'amazone et la collection
de feutres mous.

L'exposition des dentelles est fort remarquable. La
maison Lefébure et la compagnie des Indes (Verdé-
Delisle) ont atteint une perfection inouïe comme
dessin et comme travail. Ces dentelles, dont beaucoup
ont été fabriquées à Caen et à Bayeux, sont de véritables objets d'art ; aussi se sont-elles bien vendues.
L'empereur d'Autriche a fait acheter, chez la maison
Verdé-Delisle, un magnifique volant ; la comtesse
Esterhazy, un mouchoir et un éventail ; la grande
duchesse de Mecklembourg-Schwerin, une taille
noire ; le prince Nicolas de Hohenloë, un éventail ;
le baron de Bourgoing, attaché à notre ambassade,
également un éventail, etc.

Dans la section de la parfumerie et des produits
chimiques, nous rencontrons MM. Cournerie père et
fils, de Cherbourg, et M. Dubosq, du Havre : collections de produits fort variés et très-rares.

Le ministère des travaux publics a fait réunir, sous

forme d'albums, des vues et des plans de nos principaux ports, canaux, ponts, chemins de fer, routes.
Nous avons eu le plaisir de reconnaître dans un de
ces albums des vues des ports de Caen, de Port-en-
Bessin, de Courseulles, dues à un habile photographe
caennais, M. Karren.

L'exposition de l'instruction publique est réellement
splendide. Les maisons Hachette, Delagrave et Bélin
ont réuni un choix incomparable d'objets pour mobilier scolaire : tableaux noirs, tableaux gravés et
coloriés, cartes en relief, machines à calculer, à
multiplier ou à diviser; corps solides pour les démon-
strations du système métrique, de la géométrie, de
la mécanique, etc. Je regrette vivement que l'on n'ait
pas organisé avec tous ces objets une maison d'école-
modèle française dans le parc : elle aurait certes pu
rivaliser avec les belles écoles suédoises, allemandes
et américaines dont je parlerai prochainement.

A côté des vitrines de ces maisons, sont entassées
dans de grandes armoires ou sur des tables quelques
centaines de cartons renfermant les travaux les plus
remarquables des établissements d'instruction publique en France. Il faudrait quelque chose comme
un mois pour débrouiller complètement ce chaos où,
chaque visiteur vient apporter son contingent de
désordre et de confusion. Toutefois, avec un peu de
patience, j'ai trouvé un album du lycée de Caen
(travaux graphiques, cartes et lavis exécutés par les
meilleurs élèves : MM. Couvrechef, Mortain, Lema-

zurier, E. Bellencontre, Grimbert, Basset et autres
lauréats du lycée) ; l'album de l'école professionnelle
d'Évreux, de l'école libre de Rouen (travaux graphiques et ornement) ; les dessins et plans dressés
par les élèves de l'école normale d'Alençon. L'éta-
blissement des Sœurs de charité à Lisieux a envoyé
des layettes microscopiques exécutées par ses petites
filles ; il y a là de mignonnes chemises, de petits cols,
de charmantes broderies. Enfin, la maison Lefébure,
de Bayeux, a exposé des métiers à dentelles, avec
des travaux exécutés dans son ouvroir par des petites
filles de 10 et 11 ans !

Dans le palais de l'Exposition agricole, nous trouvons seulement un plan de la vacherie de Corbon,
et une collection de flacons d'huile contre les brû-
lures fabriquée par M. Joseph, du Petit-Quévilly,
près Rouen.

N'oublions pas, pour les gourmets, la pyramide
attrayante des bouteilles de la Bénédictine de Fécamp.

Mais il est 6 heures, toutes les cloches s'ébranlent ;
le gong chinois gronde ; les trompes marines rugis-
sent ; tout ce tintamarre signifie qu'on ferme les
portes et qu'il faut se hâter de sortir du palai .

C'est ce que je fais et je cours au restaurant
hongrois, savourer le plat national, du coulaye au
peprika, servi dans de coquets petits chaudrons en
cuivre, pendant qu'un excellent quatuor exécute des
fragments de grands maîtres avec un rare sentiment
musical.

A l'extrémité du palais de l'industrie, se dresse un vaste portique, portant ces lettres d'or : *Kunst.* Vous comprenez facilement que cela signifie Exposition des Beaux-Arts.

Au milieu de ce palais consacré à la peinture et la sculpture est un salon central , où sont réunies les plus belles œuvres de chaque pays. Un vaste tableau de Cabanel, le *Triomphe de Flore,* fait vis-à-vis à l'un des plus imposants morceaux du musée Wierst de Bruxelles. A côté de la grande toile de Cabanel , peut-on passer sous silence un ravissant portrait de la *comtesse de Juigné,* par le même artiste !

Au milieu de la salle se dressent les statues de Caudron *(Molière),* de Cugnot *(Cérès)* , Carrier Belleuse *(Hébé),* Barrias *(Spartacus),* etc.

Nous ne nous étonnons pas que l'Exposition française soit hors ligne ; nous y retrouvons, en effet , les meilleurs tableaux du Luxembourg et des derniers salons de Paris : les beaux paysages de Troyon ; le *Portrait du général Prim ,* et *Une Exécution à Grenade,* de H. Regnault ; les paysages de Ph. Rousseau ; le *Lanjuinais à la tribune,* de Ch. Müller ; sept charmantes œuvres de Meissonier ; le *Choral du Luther ,* de Marchal ; les portraits de Mlle Jacquemard ; le *Coup de canon,* de

Berne Bellecour; les œuvres de Delacroix, Flandin, Corot, sans oublier le *St Severinus* de Thirion, qui appartient au musée de Caen et fait très-bon effet à Vienne. Mais nous n'avons pas l'ambition de tenter une revue générale de l'exposition, limitons-nous aux artistes normands.

M. Bellangé (de Rouen). — Un paysage intitulé le *Bois du parc :* bonne étude d'arbres; le feuillage, quoique d'une teinte un peu uniforme, est bien touché à petits coups de brosse.

M. Berthelemy (de Rouen). — *Un coup de vent à l'entrée du port de Fécamp* et *une Pêche au maquereau;* excellent effet de ciel orageux; la teinte de l'ensemble est discrète et harmonieuse.

M. Caillou (de Lisieux). — Le *Point du jour dans une vallée;* très-bon tableau, bien peint et très-pittoresque.

M. Cassagne, de Landin (Eure), a exposé trois paysages; nous y retrouvons cette science du feuillage qui caractérise sa manière. L'air et le soleil se jouent entre les branches de ses arbres, et donnent de la vie à tout l'ensemble.

Quelle ravissante et gracieuse idylle que cette composition de M. Chaplin (des Andelys), intitulée les *Bulles de savon!* Une jeune fille à la physionomie expressive est assise et souffle des bulles de savon; tout ceci, la robe blanche, le corsage rose, le vase bleuâtre, est peint avec une délicatesse et un goût exquis.

M. Coëssin de La Fosse, de Lisieux, a habillé les personnages de la fable de La Fontaine, le *Vieillard et les trois jeunes hommes*, de costumes moyen-âge; il en avait le droit, d'autant plus que cela lui a permis de peindre un joli pourpoint blanc et un brillant manteau bouton d'or.

Voici encore un artiste du Calvados, M. E. Krug (de Drubec); son tableau, la *Mise au Tombeau*, est malheureusement placé trop haut; toutefois, on peut distinguer à travers un excellent effet de clair-obscur des reflets lumineux bien traités et de bons raccourcis.

M. Landelle, l'un des membres du jury de l'Exposition de Caen, obtient un grand succès à Vienne, avec sa *Femme Fellah*, fort admirée déjà à Paris, en 1867; sa *Circassienne*, son *Almée*, sa *Velléda*, etc. Le n° 384 est un fort beau portrait de femme; cheveux, sourcils, tout est noir aussi bien que la mantille et la robe; seule une éclatante grenade rompt la teinte générale. C'est une difficulté très-heureusement rendue.

Un élève de Troyon et de Corot, M. La Rochenoire (du Havre), expose quatre paysages excellents; le ciel gris est grassement peint, les vaches, les arbres, le lointain, ont *de la patte*.

M. Leman (de Laigle) recherche les grandes scènes historiques avec affluence de personnages. Il excelle d'ailleurs à peindre les costumes et les détails d'architecture; seulement, l'ensemble est peut-être trop rouge ; je dis cela surtout pour le n° 442, l'*Ambassade française à Siam.*

Nous voici revenus à Lafontaine avec M. Millet (de Gréville, Manche). Son tableau, *la Mort et le Bûcheron,* se recommande par la vérité de l'expression ; il y entre même une pointe de malice. La peinture est un peu pâteuse et molle. Même observation pour son *Semeur,* qui est d'ailleurs d'un mouvement très-naturel.

Un artiste dont le nom est fort connu à Caen, M. Ribot (de Breteuil), a déployé sa vigueur ordinaire dans son *Samaritain.* C'est le style des Ribeira du musée de Munich : l'ombre poussée jusqu'aux ténèbres, la lumière exagérée jusqu'à l'éblouissement ; un bec de gaz dans une cave ; ceci, bien entendu, est une boutade et nullement une critique.

M. Sebron (de Caudebec), un des membres du jury de Caen, a envoyé une *Vue d'une salle du palais de justice de Bruges.* Les détails des sculptures de la fameuse cheminée sont traités avec une exactitude et un fini qui attestent la patience et le savoir-faire du maître. Signalons dans son autre tableau, le *Colosse de Thèbes,* un remarquable effet de transparence du ciel.

Nous trouvons le nom de M. Viger, d'Argentan, au bas d'une charmante toile intitulée le *Retour inespéré.* La scène se passe sous le Directoire, entre un officier de hussards et sa femme ; très-brillant et très-soigné l'uniforme de cet officier ! La femme

porte une longue robe de soie noire à reflets violets ;
on retrouve là ces qualités de lumière soyeuse qui
ont obtenu tant de succès à Caen dans le tableau la
Quêteuse, du même artiste.

La Normandie compte un nombre honorable de
représentants dans l'aquarelle.

M. Bénard, de Goderville (Seine-Inférieure), *Vesti-
bule de St-Pierre de Rome ;* bonne aquarelle, large-
ment peinte.

M. Brunet-Debaines (du Havre), un *Pont,* la *Cha-
pelle du lycée de Vendôme,* une *Vue de St-Sauveur de
Caen.* Excellente teinte d'aquarelle ; ensemble très-
harmonieux.

M. E. Morin, du Havre, a également envoyé deux
aquarelles : nous y retrouvons les nuances vives et
les tons chauds que cet artiste affectionne.

Mme Élise de Maussion, de Falaise, expose une
collection de peintures sur porcelaines et deux camées
bleus, très-fins et très-distingués.

Mme Parmentier, de Rouen, a parfaitement réussi
une charmante miniature de son père, M. G. Morin,
directeur de l'école des Beaux-Arts de Rouen. Nous
retrouvons aussi les mêmes qualités de délicatesse
dans son *Italienne.*

Nous entrons maintenant dans le domaine de la
sculpture. Voici un fort joli buste de la comtesse de
Fontenille, par M. Chapuy, de Francheville (Eure).

M. Leroux, d'Écouché (Orne), expose deux œuvres
importantes : la *Marchande de violettes,* statue en

bronze vert florentin, fort jolie tête. Le mouvement du bras droit qui relève la draperie est assez heureux ; la tunique, dont les plis étroits font penser aux personnages byzantins, est un peu lourde. L'autre statue est en marbre blanc et représente, croyons-nous, l'*Assoupissement* (en allemand schlafriglkeit). La pose est pleine d'abandon ; mais elle a ce fâcheux effet que la perspective du tronc est coupée par la jambe gauche, et celle de la tête par le bras droit. Vu de côté, le corps est modelé d'une façon remarquable ; les chairs et les draperies sont traitées avec le plus grand soin ; enfin le sentiment du repos est bien rendu et très-naturel.

On n'a pas oublié le ravissant buste en terre cuite représentant Mme de V., exposé à Caen par M. Marquet de Vasselot. Le marbre est à l'Exposition de Vienne. On ne peut trop louer les qualités de finesse aristocratique qui caractérisent cette œuvre, d'ailleurs parfaitement éclairée. En face se trouve le buste du comte de Chambord ; c'est un travail achevé avec ce soin et cet amour de la perfection qui caractérise le talent de M. de Vasselot.

Signalons rapidement de fort jolies gravures de M. Delauney, de Gouville (Manche) ; de M. Brunet-Debaines, du Havre ; de M. E. Morin, du Havre ; de M. Saffrey, de Montivilliers ; de M. Valentin, d'Yvetot ; et de M. Bertinot, de Louviers ; enfin, dans l'architecture, le plan d'une mosaïque de l'église de Saint-Bénédic-sur-Loire, par M. Lisch, d'Alençon.

Voilà en quelques lignes la part de la Normandie dans l'Exposition des Beaux-Arts, à Vienne.

Exposition universelle, IV.

L'Exposition de Vienne est peut-être moins riche que celle de Paris en constructions exotiques et en cottages élégants. On y trouve cependant bon nombre de choses remarquables.

Je placerai au premier rang l'école suédoise : c'est assurément la reine des écoles-modèles transplantées à Vienne. Elle est bâtie entièrement en sapin verni, poli et luisant comme un miroir. En entrant vous trouvez à droite un vestiaire; en face de vous, une bibliothèque scolaire, une salle d'étude et les appartements du professeur; enfin, à gauche, la classe proprement dite. C'est la partie la plus intéressante. Disons d'abord que, dans toutes les écoles que nous allons examiner, on a renoncé aux longues tables et aux bancs, pour adopter le système de pupitres et de siéges séparés. Grâce à cette installation, la surveillance est plus facile pour le professeur et les éléments de dissipation plus rares pour l'élève. Le royaume de chaque écolier se compose d'une petite estrade à claire-voie supportant un fauteuil en bois et une table-pupitre. Le siége est relevé en avant pour soutenir les jambes et forcer le corps à demeurer droit : le dossier est convexe pour appuyer les reins et empêcher l'affaissement sur les hanches. Le pupitre comprend une planchette inclinée, à charnière, servant de couvercle à un tiroir ; la planchette est mobile et, en la faisant avancer, on découvre une rainure où sont alignés l'encrier, la boîte à poudre et des porte-plumes en liége, fort légers et très-commodes.

Dans le fond de la classe est la chaire du professeur ; à droite, sur l'estrade, un harmonium et une bibliothèque ; à gauche, un tableau noir et un fourneau à gaz oxhydrique. Les murailles sont couvertes de tableaux gravés et coloriés se rapportant à l'histoire, à la géographie, à la zoologie, aux mathématiques ; çà et là sont pendus des médaillons historiques et chronologiques, des échantillons de produits industriels, etc. Enfin, des sentences de morale, de politique et de religion courent le long des frises ou se détachent sur les corniches ; c'est de la science et de la philosophie décoratives. Une armoire vitrée contient des fragments des principaux minéraux ; une autre est réservée aux plantes usuelles ; une autre renferme les corps solides géométriques, toutes les mesures du système métrique, les machines à compter, à additionner, à diviser ; dans une longue vitrine sont rangés les instruments élémentaires d'arpentage, de physique et de cosmographie.

De nombreux tableaux noirs contiennent des cartes muettes dessinées en blanc et reproduisant les prin-

cipales contrées d'Europe ; à côté de ces tableaux,
sont placées des boîtes qui renferment le nom des
villes écrit sur de petits cubes de liége garnis
d'épingles : l'élève doit fixer lui-même ces villes
mobiles à l'endroit précis où elles existent réellement. Enfin, entre les fenêtres, sont accrochés de
petits fusils, des trompettes et des tambours : ce qui
atteste que le corps n'est pas ici moins bien traité
que l'esprit.

L'école allemande se rapproche beaucoup de l'école
suédoise ; on y a peut-être poussé le principe de
l'éducation par les yeux jusqu'à l'exagération, sans
crainte de surcharger la mémoire des enfants de
notions inutiles. D'énormes quantités de plantes
moulées en plâtre garnissent les murailles ; tous les
règnes de la nature se donnent rendez-vous dans ce
microcosme, jusqu'à d'honorables vers à soie qui
tissent tranquillement leurs précieux cocons. Signalons spécialement un fort joli lavabo, avec robinets
en étain : la propreté n'est-elle pas la première con-
dition de l'hygiène ?

L'école américaine n'offre rien de bien particulier :
les siéges en bois sont formés de petites planchettes
convexes. L'éducation par les yeux est ici beaucoup
moins avancée que chez les deux nations précédentes.

Puisque nous parlons des enfants, disons un mot
de ce fameux pavillon du jeune âge dont on a tant
parlé. Ce n'est guère qu'une exposition de joujoux et
de bimbeloterie : on y rencontre les jouets de tous les

enfants de la terre, même des petits chinois et des japonais au berceau. Il n'y a guère, au milieu de ces hochets, que trois appartements vraiment intéressants à visiter : — une *nursery* pour familles ouvrières, très-propre et fort économique ; — une *nursery* pour babies opulents, pour les petits millionnaires à la mamelle ; tout le luxe et le confortable imaginables ont été réunis dans ce charmant nid soyeux, d'une ravissante couleur bleu-ciel et gris-perle ; — enfin un spécimen d'une Crèche viennoise : nous y rencontrons le système de petits bancs circulaires et de grillages qui est adopté chez nous.

Un autre pavillon fort visité, c'est celui de notre confrère de Vienne, la *Neue freie Presse*. Les rédacteurs, les administrateurs et les machines travaillent quotidiennement devant un public idolâtre qui s'arrache les numéros encore humides autour des presses. Quel plaisir de voir à l'œil nu des journalistes dans l'exercice de leurs fonctions !

Les expositions orientales sont vraiment hors ligne. Le pavillon persan, l'habitation turque, les petits palais du Maroc, de la Chine et de l'Égypte sont d'une richesse et d'un éclat éblouissants. Ils semblent avoir apporté avec eux un rayon du ciel d'Orient. La demeure égyptienne, construite par le Khédive, est une habitation complète et entièrement meublée : on y trouve des appartements de service, des cuisines, le harem, la chambre des almées ; derrière le palais s'étend un vaste jardin planté d'arbres égyptiens,

avec instruments de jardinage et voitures du pays,
même la margelle du puits, avec sa grande roue et
ses engrenages en bois ; enfin, au fond, une écurie
peuplée de chameaux avec leur sellerie, une étable
garnie de petites vaches du Nil, et une bergerie avec
béliers et moutons.

Auprès de l'exposition orientale, on rencontre les
boxes réservés aux chevaux de toutes les nations.
Notre célèbre compatriote, M. de la Ville, a remporté
ici un succès immense par le nombre et la qualité
de ses magnifiques élèves. Aussi , a-t-il reçu les
félicitations de plusieurs souverains qui ont exprimé
leur vive admiration pour notre race anglo-normande.

Une des grandes attractions de l'Exposition, ce
sont les orchestres dirigés par Straus et Nicolaï ; les
magnifiques musiques militaires ; enfin, l'orchestre
de dames. En parlant d'un orchestre de dames, il
faut s'entendre. Les instruments à cordes , les flûtes
et la grosse caisse sont seuls réservés au beau sexe ;
mais les clarinettes et tous les cuivres sont joués
par des enfants de 10 à 15 ans. Cela n'en est pas
moins curieux, car ces jeunes virtuoses ont de
véritables talents. Un de ces précoces artistes exécute
notamment le solo de clarinette de l'ouverture de
Zampa avec une justesse et un sentiment extraor-
dinaires. Une jeune femme tient le bâton de chef
d'orchestre avec une remarquable *maëstria*. L'orchestre féminin doit venir à Paris. Il y obtiendra un
grand succès d'intérêt et de curiosité.

Stuttgard, octobre.

J'ai un vague souvenir d'être entré hier matin, à 9 heures, dans un wagon ; je n'ai point tardé à m'y livrer à un sommeil entrecoupé de douaniers , de sandwichs et de contrôleurs de billets. Toujours est-il que je me suis réveillé assez moulu et poussiéreux vers 3 heures ce matin à Ulm , toujours en chemin de fer ; je me suis jeté dans un omnibus , qui m'a transporté dans un hôtel quelconque , où j'ai repris et achevé mon sommeil, à ma grande satisfaction.

Ulm se compose d'une grande cathédrale avec une petite ville autour. La cathédrale est un fort beau monument, qui a quelques velléités d'imiter le Dom de Cologne. Elle n'est pas finie , et ne le sera probablement jamais, malgré les billets de loterie pour son achèvement dont on assassine les visiteurs.

D'Ulm, on se rend en quelques heures à Stuttgard. Cette ville est une cité sérieuse, régulière et froide , comme toutes les petites capitales ; elles ont l'air de notaires de province en cravate blanche.

On y remarque cependant quelques costumes assez curieux pour épanouir un peu les amis du pittoresque.

Me voici à table d'hôte , occupé à batailler contre le détestable pain des Allemands; noir, visqueux et libéralement infecté d'anis. Tout à coup, deux étrangers font une apparition bruyante : ce sont deux compatriotes. Mais je suis mal tombé : les nouveaux venus affectent le type du boulevardier fanfaron, du commis-voyageur en demi-gros et en calembourgs. « Garçon, avez-vous quelque chose de mangeable à nous donner ! — Garçon, ne vous fatiguez pas à nous parler allemand ; nous ne comprenons pas un traître mot de cette jolie langue. — Qu'est-ce que c'est que cette horreur-là que vous nous apportez, garçon ! c'est sans doute un plat national ? comme plat national, je le respecte ; mais je me garderai bien d'y toucher..., etc., etc. »

On conçoit combien ce gracieux laisser-aller me met mal à l'aise, surtout en présence d'une demi-douzaine d'officiers wurtembergeois , qui écoutent en mangeant, sans mot dire. Voilà un repas manqué : j'avale quatre à quatre les morceaux qui me tombent sous la main et je me sauve pour respirer le grand air.

On se demande souvent pourquoi les étrangers préfèrent les Anglais aux touristes français, « le peuple le plus spirituel de la terre ! » Avez-vous jamais vu un Anglais prendre ce ton gouailleur dans un hôtel quelconque ?

Strasbourg, octobre.

Je crois avoir jugé les Allemands que j'ai rencontrés, sans me laisser emporter par des rancunes

nationales , ni par un patriotisme exagéré. Aussi ,
j'espère avoir le droit d'être cru, si je chante un
peu la palinodie : qu'il y a loin des Allemands de
Berlin et de Munich aux teutons installés à Strasbourg et à Colmar !

Tout décidé, je ne parlerai point des Prussiens en
Alsace, quoique je doive à cette province de bien
doux souvenirs d'hospitalité cordiale et d'accueil
chaleureux. Je ne veux point assombrir par des
peintures attristantes la dernière de ces lettres
aussi familières que peu politiques.

Je passe aussi sous silence Metz et ses champs de
bataille, et les petites croix blanches plantées sur
d'innombrables tertres dans ces plaines si cruelle-
ment célèbres !

Je touche barre à Nancy; capitale toute bourgeoise,
aux rues soigneusement alignées , aux monuments
corrects et imposants avec des prodigalités de colonnades et d'arcs-de-triomphe : certes le bon roi Sta-
nislas était un précurseur du baron Haussmann.

Voici enfin, dans la nuit, Paris qui étincelle à
l'horizon. Voici les fourneaux méphistophéliques des
usines à gaz de La Villette, qui dardent vers le ciel
des langues de feu fantastiques. Voici les guirlandes
de lumières qui sillonnent, comme des cordons de
pierreries, la toilette nocturne de la grande et aimable cité. Paris n'est certes pas toute la France ;

mais à Paris on se sent plus en France que partout ailleurs.

Cette vérité paraît surtout incontestable lorsque, depuis quelques temps déjà , on est condamné à croasser de l'Allemand, à digérer du pain noir et à ne pas trouver un coin de boulevard pour flâner en causottant et en frondant un peu n'importe quoi.

Caen, 8 novembre 1873.

Caen, typ. de F. Le Blanc-Hardel.

www.ingramcontent.com/pod-product-compliance
Ingram Content Group UK Ltd.
Pitfield, Milton Keynes, MK11 3LW, UK
UKHW020950120726
13693UKWH00004B/1644